El Verbo.

ELÍ HERNANDEZ

1era Edición (El Verbo)

Copyright © 2022 by Eli Hernandez y Editorial
Desde El Huerto

Diseño de Portada e interior: Yelitza Cintrón
Edición: Yelitza Cintron
ISBN: 9798392541478

Citas bíblicas usadas con permisos de las
Sociedades Bíblicas Unidas.

A ti, la acción verdadera de todo lo que ha sido sentenciado a pausa y a muerte.

A ti, que con solo una intervención das vida, propósito y destino aun a aquello quien ha sido descartado o excluido.

A ti, quien es el apasionante y creador de todo lo visible e invisible.

A ti, que, desde el primer día, dispusiste poner por obra y ejecutar todas y cada una de las palabras que salían del corazón de un Padre amoroso.

A ti, que me diste razones y que produjiste en mí, el deseo de querer y la fuerza para hacer tu voluntad.

A ti, el VERBO, mi Maestro, mi Luz verdadera. A ti, y solo a ti, dedico este escrito, ya que es en tu vida, tu caminar y tu victoria en que he sido inspirado.

Índice.

Prólogo.

POR YELITZA CINTRON

Sin duda, el amor del Padre es la evidencia más grande del poder que existe en el mundo y todo lo creado. A lo que muchos le llaman energía o vibras, nosotros lo evidenciamos y reconocemos como el amor de Dios. Es ese motor que nos da vida, sentido y por el cual fuimos escogidos y aceptos en Él. Sin duda alguna, lo mejor que nos ha podido pasar fue conocerle y ser receptores de este amor, que nos limpió, dio un nuevo nombre y rescató.

En este libro conoceremos a la persona más importante que ha pisado la Tierra en el pasado, presente y por venir, es esa persona que NUNCA se rindió, que nunca se quitó y que nos dio acceso a una vida que sin Él era imposible obtener o vivir.

Es imposible leer este libro y no salir inspirados o transformados por la vida de nuestro Maestro.

De principio a fin, nos introduciremos a el Plan de Rescate del Padre y a su intención desde el principio: que FUÉSEMOS HIJOS y estuviésemos con Él por siempre.

Este libro es el resultado de una mirada al suceso o acontecimiento, más importante de la humanidad. El suceso que cambió el rumbo no solo en el plano natural sino también en el espiritual. Un acontecimiento sin precedentes, el cual cuenta con la garantía de que ni antes ni después, podrá ser repetido o imitado, debido a su **GRANDEZA y PERFECCIÓN.**

No solo fue planeado con precisión y absoluta intención

por un Padre Amoroso, sino que cuenta con la ejecución magistral de un Hijo obediente y dispuesto a dar todo, por obedecer a su Padre y rescatar a su creación perdida.

EN EL PRINCIPIO ERA EL VERBO, Y EL VERBO ERA CON DIOS, Y EL VERBO ERA DIOS. ESTE ERA EN EL PRINCIPIO CON DIOS. TODAS LAS COSAS POR ÉL FUERON HECHAS, Y SIN ÉL NADA DE LO QUE HA SIDO HECHO, FUE HECHO. EN ÉL ESTABA LA VIDA, Y LA VIDA ERA LA LUZ DE LOS HOMBRES. LA LUZ EN LAS TINIEBLAS RESPLANDECE, Y LAS TINIEBLAS NO PREVALECIERON CONTRA ELLA. HUBO UN HOMBRE ENVIADO DE DIOS, EL CUAL SE LLAMABA JUAN. ESTE VINO POR TESTIMONIO, PARA QUE DIESE TESTIMONIO DE LA LUZ, A FIN DE QUE TODOS CREYESEN POR ÉL. NO ERA ÉL LA LUZ, SINO PARA QUE DIESE TESTIMONIO DE LA LUZ. AQUELLA LUZ VERDADERA, QUE ALUMBRA A TODO HOMBRE, VENÍA A ESTE MUNDO. EN EL MUNDO ESTABA, Y EL MUNDO POR ÉL FUE HECHO; PERO EL MUNDO NO LE CONOCIÓ. A LO SUYO VINO, Y LOS SUYOS NO LE RECIBIERON. MAS A TODOS LOS QUE LE RECIBIERON, A LOS QUE CREEN EN SU NOMBRE, LES DIO POTESTAD DE SER HECHOS HIJOS DE DIOS; LOS CUALES NO SON ENGENDRADOS DE SANGRE, NI DE VOLUNTAD DE CARNE, NI DE VOLUNTAD DE VARÓN, SINO DE DIOS. Y AQUEL VERBO FUE HECHO CARNE, Y HABITÓ ENTRE NOSOTROS (Y VIMOS SU GLORIA, GLORIA COMO DEL UNIGÉNITO DEL PADRE), LLENO DE GRACIA Y DE VERDAD.

Juan 1:1-14.

Él es la manifestación de la palabra de Dios encarnada, es la esencia de la intención de Dios. Es la expresión misma de la sustancia del Padre.

Creo a Dios para que este libro produzca en tu interior la transformación necearía para poder revelar y convertir a Jesús en tu vida, en una persona, alejándolo de que lo veas como un personaje.

Mi oración a tu favor:

Es que Jesús salga de la páginas de la Biblia y sea trasladado a un compañero de vida, por los años que te resten. Que sea convertido en la persona más importante, relevante y real para ti.

En el nombre de Jesús. Amén.

El Nacimiento.

CAPÍTULO 1

El Nacimiento.

En el libro de Génesis, quedó registrado que en un momento muy propicio y perfecto, Dios tuvo una genial idea. Una idea que despertaría uno de los afectos e intenciones más grandes que había tenido hasta ese día.

Se propuso crear un hábitat perfecto, para depositar en él un ser que cargaría su naturaleza y su esencia. Cargaría rasgos que serían transferidos desde su misma naturaleza, para que fuesen reflejo de Él en este lugar que estaba por crear.

Y durante 5 días estuvo diseñando y creando todo "PERFECTAMENTE BALANCEADO" con el fin de confiarlo a este ser que cargaría parte de su mismo creador.

Y llegó el día, el día tan pensado por Dios. El día 6to.

ENTONCES DIJO DIOS: HAGAMOS AL HOMBRE A NUESTRA IMAGEN, CONFORME A NUESTRA SEMEJANZA; Y SEÑOREE EN LOS PECES DEL MAR, EN LAS AVES DE LOS CIELOS, EN LAS BESTIAS, EN TODA LA TIERRA, Y EN TODO ANIMAL QUE SE ARRASTRA SOBRE LA TIERRA.

Genesis 1:26-27.

En ese momento, Dios decide depositar en este ser, todo lo que a su entender sería necesario para varias cosas.

1. Entenderse

2. Relacionarse

3. Cuidar este hermoso hábitat que recién había creado para entregárselo.

No mucho después determina darle forma, para NO solo poder cumplir los propósitos que ya había determinado, sino que también deseaba pudiera interactuar con el resto de la creación, que había creado Dios para Él, así que le preparó un cuerpo.

ENTONCES JEHOVÁ DIOS FORMÓ AL HOMBRE DEL POLVO DE LA TIERRA, Y SOPLÓ EN SU NARIZ ALIENTO DE VIDA, Y FUE EL HOMBRE UN SER VIVIENTE.

Genesis 2:7.

Al pasar el tiempo, Dios se percató, que su creación más preciosa se encontraba solo y se determinó hacerle un hermoso regalo. Un regalo que tomaría del hombre mismo, para poder crearla. Lo puso a dormir, y tomando una parte de el mismo hombre, creó el balance y complemento que el hombre necesitaba y que estaba buscando sin poderlo encontrar. Creó, la Mujer.

Después de mucho tiempo, de alegría, desarrollo y crecimiento, se presentó una situación, la cual ocasionó el colapso de todo este plan hermoso que había sido tan bien y hermosamente planeado.

El hombre y la mujer fueron tentados a desobedecer a

Dios y volver sus espaldas a su Creador, para abrazar su propia voluntad como lo más importante. Ignorando ellos, que eran la representación de toda la raza humana y que su caída, se convertiría en la caída de todos los que vendríamos a nacer después de ellos.

Así pasaron los años, siendo la distancia, la muerte y los intentos fallidos del hombre de reconectar y volver al lugar donde todo comenzó. Fueron años de muerte, años de destrucción y conflictos. Años que:

POR TANTO, COMO EL PECADO ENTRÓ EN EL MUNDO POR UN HOMBRE, Y POR EL PECADO LA MUERTE, ASÍ LA MUERTE PASÓ A TODOS LOS HOMBRES, POR CUANTO TODOS PECARON.

Romanos 5:12.

POR NUESTRA AMISTAD CON EL MUNDO, NOS HIZO ENEMIGOS DE DIOS

Santiago 4:4

QUE NOS ESTÁBAMOS MUERTOS EN VUESTROS DELITOS Y PECADOS, EN LOS CUALES ANDUVIMOS EN OTRO TIEMPO, SIGUIENDO LA CORRIENTE DE ESTE MUNDO, CONFORME AL PRÍNCIPE DE LA POTESTAD DEL AIRE, EL ESPÍRITU QUE AHORA OPERA EN LOS HIJOS DE DESOBEDIENCIA, ENTRE LOS CUALES TAMBIÉN TODOS NOSOTROS VIVIMOS EN OTRO TIEMPO, EN LOS DESEOS DE NUESTRA CARNE, HACIENDO LA VOLUNTAD DE LA CARNE Y DE LOS PENSAMIENTOS, Y ÉRAMOS POR NATURALEZA HIJOS DE IRA, LO MISMO QUE LOS DEMÁS.

Efesios 2:1-7

Hasta que un día. Dios decidió, implementar algo que, desde el mismo día de la caída del hombre, había pensado hacer, Implementar un: **"PLAN DE RESCATE"**

Ahora bien:

- Cómo poder identificarse,
  cómo poder entender.
- Cómo poder redimir a alguien
  con quien NO se identifica.

Así que determina enviar a su Hijo,
a su ÚNICO Hijo a la Tierra, con el
fin de que fuese el encargado de
revelar su amor incondicional y
paternidad.

PERO CUANDO VINO EL CUMPLIMIENTO DEL TIEMPO, DIOS
ENVIÓ A SU HIJO, NACIDO DE MUJER Y NACIDO BAJO LA LEY,
PARA QUE REDIMIESE A LOS QUE ESTABAN BAJO LA LEY, A
FIN DE QUE RECIBIÉSEMOS LA ADOPCIÓN DE HIJOS. Y POR
CUANTO SOIS HIJOS, DIOS ENVIÓ A VUESTROS CORAZONES
EL ESPÍRITU DE SU HIJO, EL CUAL CLAMA: ¡ABBA, PADRE! ASÍ
QUE YA NO ERES ESCLAVO, SINO HIJO; Y SI HIJO, TAMBIÉN
HEREDERO DE DIOS POR MEDIO DE CRISTO.

Gálatas 4:4-7

Y lo haría de la manera más poco común posible. Sería:

1. Enviado a través de una virgen

2. Dentro de una composición familiar normal

3. Sin opulencia, real

4. Sin séquitos ni vestidos costosos.

5. Sin corona, trono, ni cetro.

Lo envió a nacer en un pesebre, en una pequeña ciudad llamada Belén.

"ENTONCES EL ÁNGEL LE DIJO: MARÍA, NO TEMAS, PORQUE HAS HALLADO GRACIA DELANTE DE DIOS. Y HE AQUÍ, CONCEBIRÁS EN TU VIENTRE Y DARÁS A LUZ UN HIJO, Y LLAMARÁS SU NOMBRE JESÚS. ÉSTE SERÁ GRANDE Y SERÁ LLAMADO HIJO DEL ALTÍSIMO; Y EL SEÑOR DIOS LE DARÁ EL TRONO DE DAVID, SU PADRE. Y REINARÁ EN LA CASA DE JACOB PARA SIEMPRE, Y EN SU REINO NO HABRÁ FIN"

S. Lucas 1:30-47

Sanidades
Físicas.

CAPÍTULO 2

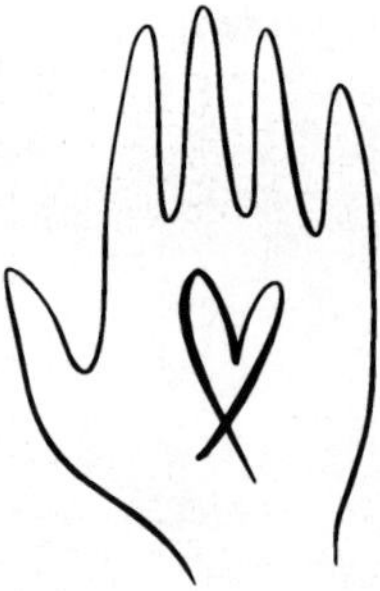

Sanidades Físicas.

En otra ocasión

ACONTECIÓ TAMBIÉN EN OTRO DÍA DE REPOSO, QUE JESÚS ENTRÓ EN LA SINAGOGA Y ENSEÑABA; Y ESTABA ALLÍ UN HOMBRE QUE TENÍA SECA LA MANO DERECHA. Y LE ACECHABAN LOS ESCRIBAS Y LOS FARISEOS, PARA VER SI EN EL DÍA DE REPOSO LO SANARÍA, A FIN DE HALLAR FALTA. Y PREGUNTARON A JESÚS, PARA PODER ACUSARLE: ¿ES LÍCITO SANAR EN EL DÍA DE REPOSO? ÉL LES DIJO: ¿QUÉ HOMBRE HABRÁ DE VOSOTROS, QUE TENGA UNA OVEJA, Y SI ESTA CAYERE EN UN HOYO EN DÍA DE REPOSO, NO LE ECHE MANO, Y LA LEVANTE? PUES ¿CUÁNTO MÁS VALE UN HOMBRE QUE UNA OVEJA? POR CONSIGUIENTE, ES LÍCITO HACER EL BIEN EN LOS DÍAS DE REPOSO. Y CONOCIENDO LOS PENSAMIENTOS DE ELLOS; LE DIJO AL QUE TENÍA LA MANO SECA: LEVÁNTATE, Y PONTE EN MEDIO. Y ÉL, LEVANTÁNDOSE, SE PUSO EN PIE. ENTONCES JESÚS LES DIJO: OS PREGUNTARÉ UNA COSA: ¿ES LÍCITO EN LOS DÍAS DE REPOSO HACER BIEN, O HACER MAL; SALVAR LA VIDA, ¿O QUITARLA? PERO ELLOS CALLABAN. ENTONCES, MIRÁNDOLOS ALREDEDOR CON ENOJO, ENTRISTECIDO POR LA DUREZA DE SUS CORAZONES, Y MIRÁNDOLOS A TODOS ALREDEDOR, DIJO AL HOMBRE: EXTIENDE TU MANO. Y ÉL LO HIZO ASÍ, Y SU MANO FUE RESTAURADA.

S. Lucas 6:6-11.

Jesús se mantuvo haciendo milagros tras milagro. Los cuales hoy para nosotros son un reflejo de su corazón e intensión de bien para nuestras vidas.

Muchas veces vivimos escondiendo esas áreas (manos secas) de nuestras vidas que más nos avergüenzan y que ocasionan que decidamos esconderlas, para que no sean vistas.

Muchas otras veces esas debilidades o áreas de nuestras vidas que están disfuncionales, son con las que las personas que nos rodean nos nombran, etiquetan y llaman.

El alcohólico   El exadicto
El expresidiario   La fea

Y mientras la sociedad y nuestros entornos nos categorizan conforme a esas áreas que para ellos son desagradables de nosotros, comenzamos a creer que sus palabras son palabras de verdad y que no tenenemos otra opciones que abrazar sus observaciones, críticas y etiquetas como verdaderas.

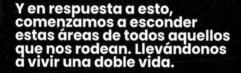

Y en respuesta a esto, comenzamos a esconder estas áreas de todos aquellos que nos rodean. Llevándonos a vivir una doble vida.

- Deprimidos, pero sonriendo.
- Atados, con comportándonos como libres.
- Heridos, con actitud de sanos
- Considerando abandonar todo y salir corriendo – pero lleno de tareas

En fin, viviendo con un intercambio constante de máscaras, para engañar a quienes más podamos, comenzando con el intento de engañarnos a nosotros mismos.

Este hombre, al igual que todos nosotros, sabía del estado de su mano, así como nosotros sabemos de estas áreas que deseamos esconder.   Más Jesús lo abordó directamente.

El llamado fue claro, dejando a su discreción qué tipo de vida deseaba vivir de este día en adelante. Jesús le dio a escoger, sabiendo que el hombre tenía una mano seca y otra sana, solo se limitó a decirle. **EXTIENDE TU MANO.**

ENCOMIENDA AL SEÑOR TU CAMINO; CONFÍA EN ÉL, Y ÉL ACTUARÁ. HARÁ QUE TU JUSTICIA RESPLANDEZCA COMO EL ALBA; TU JUSTA CAUSA, COMO EL SOL DE MEDIODÍA.

Salmos 37:5-6.

Y ese es el mismo llamado que Él nos hace hoy a ti y a mí.

¿Confiarías en mis tus debilidades? ¿Serías capaz de confiar en mí esas áreas que NO te gustan de ti y que te avergüenzan? ¿Confiarías exponer y hacer visible lo que por tanto tiempo has estado escondiendo, para poder sanarte?

EN TI CONFÍAN LOS QUE CONOCEN TU NOMBRE, PORQUE TÚ, SEÑOR, JAMÁS ABANDONAS A LOS QUE TE BUSCAN.

Salmos 9:10.

¿Confiarías en mí?

Sanidad del Alma.

CAPÍTULO 3

Sanidad del Alma.

El bien de Dios había visitado la Tierra, Dios había sido encarnado en un hombre a quien se le puso por nombre Jesús.

Fue formado por un humilde carpintero y con el amor de una niña a quien Dios había llamado bienaventurada.

El evangelio de Lucas dice:

QUE EL NIÑO CRECÍA Y SE FORTALECÍA, Y SE LLENABA DE SABIDURÍA; Y LA GRACIA DE DIOS ERA SOBRE ÉL.

Lucas 2:40.

Juan dijo:

QUE AQUEL VERBO FUE HECHO CARNE, Y HABITÓ ENTRE NOSOTROS (Y VIMOS SU GLORIA, GLORIA COMO DEL UNIGÉNITO DEL PADRE), LLENO DE GRACIA Y DE VERDAD. NOSOTROS SABEMOS LO QUE SE DIVULGÓ POR TODA JUDEA, COMENZANDO DESDE GALILEA, DESPUÉS DEL BAUTISMO QUE PREDICÓ JUAN: CÓMO DIOS UNGIÓ CON EL ESPÍRITU SANTO Y CON PODER A JESÚS DE NAZARET, Y CÓMO ESTE ANDUVO HACIENDO BIENES Y SANANDO A TODOS LOS OPRIMIDOS POR EL DIABLO, PORQUE DIOS ESTABA CON ÉL. Y NOSOTROS SOMOS TESTIGOS DE TODAS LAS COSAS QUE JESÚS HIZO EN LA TIERRA DE JUDEA Y EN JERUSALÉN;

Juan 1:14-17.

Así mismo, su caminar fue de transformaciones sin precedentes, cumplió la Ley en sí mismo, por su manera de caminar y su obediencia sin falta, de principio a fin.

POR LO CUAL ESTAMOS AGRADECIDOS DE NO TENER UN SUMO SACERDOTE QUE NO PUEDA COMPADECERSE DE NUESTRAS DEBILIDADES, SINO UNO QUE FUE TENTADO EN TODO SEGÚN NUESTRA SEMEJANZA, PERO SIN PECADO.

Hebreos 4:15.

Su naturaleza de 100% Dios y 100% Hombre, le permitió identificarse con nosotros a tal extremo que pudo compadecerse de nuestra condición.

NO solo de muerte espiritual, sino también de estados de salud, necesidad y de lo quebrado que estaba nuestro corazón, lo cual provocó que fuese movido a misericordia hacia nuestro favor.

Durante sus 3 años de ministerio, lo que hizo fue lo que había anunciado el profeta Isaías en:

EL ESPÍRITU DE JEHOVÁ EL SEÑOR ESTÁ SOBRE EL, PORQUE LE UNGIÓ JEHOVÁ; LE HA ENVIADO A PREDICAR BUENAS NUEVAS A LOS ABATIDOS, A VENDAR A LOS QUEBRANTADOS DE CORAZÓN, A PUBLICAR LIBERTAD A LOS CAUTIVOS, Y A LOS PRESOS APERTURA DE LA CÁRCEL; A PROCLAMAR EL AÑO DE LA BUENA VOLUNTAD DE JEHOVÁ, Y EL DÍA DE VENGANZA DEL DIOS NUESTRO; A CONSOLAR A TODOS LOS ENLUTADOS; A ORDENAR QUE A LOS AFLIGIDOS DE SION SE LES DÉ GLORIA EN LUGAR

DE CENIZA, OLEO DE GOZO EN LUGAR DE LUTO, MANTO DE
ALEGRÍA EN LUGAR DEL ESPÍRITU ANGUSTIADO; Y SERÁN
LLAMADOS ÁRBOLES DE JUSTICIA, PLANTÍO DE JEHOVÁ,
PARA GLORIA SUYA.

Isaías 61:1-3.

Él conocía nuestras necesidades.
Él sabía cuáles eran nuestras
preocupaciones.

Sabía de primera mano, que por
causa de la muerte espiritual a la
que habíamos sido sentenciados
por la caída de Adán y Eva, había
áreas en nuestras vidas que no
sabíamos atender, cuidar y que
por esta causa habían rupturas en
nuestro interior.

Dolores en nuestro corazón y alma
que afectaban nuestros cuerpos.
Muchos de nosotros aún en este

mismo tiempo, llevamos años esperando algo que fortalezca nuestro corazón, necesitados urgentemente de paz, conciliación y descanso para nuestras almas.

En una ocasión...

CUANDO VOLVIÓ JESÚS, DE LIBERAR A UN JOVEN ENDEMONIADO, QUE VIVÍA EN GADARA, LE RECIBIÓ LA MULTITUD CON GOZO; PORQUE TODOS LE ESPERABAN. ENTONCES VINO UN VARÓN LLAMADO JAIRO, QUE ERA PRINCIPAL DE LA SINAGOGA, Y POSTRÁNDOSE A LOS PIES DE JESÚS, LE ROGABA QUE ENTRASE EN SU CASA; PORQUE TENÍA UNA HIJA ÚNICA, COMO DE DOCE AÑOS, QUE SE ESTABA MURIENDO. MÁS ÉL LE DECÍA, VEN Y PON TU MANO SOBRE ELLA, Y VIVIRÁ JESÚS INMEDIATAMENTE, DETERMINA ACOMPAÑAR A ESTE HOMBRE PARA IR A FAVOR DE SU HIJA. Y MIENTRAS IBA CAMINO A CASA DE JAIRO, LA MULTITUD LO APRETABA. ENTRE ESTA MULTITUD HABÍA UNA MUJER, QUE PADECÍA DE FLUJO DE SANGRE DESDE HACÍA DOCE AÑOS, Y QUE HABÍA GASTADO EN MÉDICOS TODO CUANTO TENÍA, Y POR NINGUNO HABÍA PODIDO SER CURADA, SE LE ACERCÓ POR DETRÁS Y TOCÓ EL BORDE DE SU MANTO; PORQUE DECÍA DENTRO DE SÍ: SI TOCARE SOLAMENTE SU MANTO, SERÉ SALVA. Y CUANDO HUBO TOCADO EL BORDE DE SU MANTO; AL INSTANTE SE DETUVO EL FLUJO DE SU SANGRE. ENTONCES JESÚS DIJO: ¿QUIÉN ES EL QUE ME HA

TOCADO? Y NEGANDO TODOS, DIJO PEDRO Y LOS QUE CON ÉL ESTABAN: MAESTRO, LA MULTITUD TE APRIETA Y OPRIME, Y DICES: ¿QUIÉN ES EL QUE ME HA TOCADO? PERO JESÚS DIJO: ALGUIEN ME HA TOCADO; PORQUE YO HE CONOCIDO QUE HA SALIDO PODER DE MÍ. ENTONCES, CUANDO LA MUJER VIO QUE NO HABÍA QUEDADO OCULTA, VINO TEMBLANDO, Y POSTRÁNDOSE A SUS PIES, LE DECLARÓ DELANTE DE TODO EL PUEBLO POR QUÉ CAUSA LE HABÍA TOCADO, Y CÓMO AL INSTANTE HABÍA SIDO SANADA. Y ÉL LE DIJO: HIJA, TU FE TE HA SALVADO; VE EN PAZ. MIENTRAS JESÚS AÚN HABLABA, VINIERON DE CASA JAIRO DICIENDO: TU HIJA HA MUERTO; NO MOLESTES MÁS AL MAESTRO, PERO JESÚS, LUEGO QUE OYÓ LO QUE SE DECÍA, LE DIJO: NO TEMAS, CREE SOLAMENTE. Y NO PERMITIÓ QUE LE SIGUIESE NADIE SINO PEDRO, JACOBO, Y JUAN HERMANO DE JACOBO. Y CUANDO LLEGO A LA CASA, Y VIO EL ALBOROTO Y A LOS QUE LLORABAN Y LAMENTABAN MUCHO, LES DIJO: ¿POR QUÉ ALBOROTÁIS Y LLORÁIS? LA NIÑA NO ESTÁ MUERTA, SINO DUERME. Y, ECHANDO FUERA A TODOS, TOMÓ AL PADRE Y A LA MADRE DE LA NIÑA, Y A LOS QUE ESTABAN CON ÉL, Y ENTRÓ DONDE ESTABA LA NIÑA. Y TOMANDO LA MANO DE LA NIÑA, LE DIJO: TALITA CUMI; QUE TRADUCIDO ES: NIÑA, A TI TE DIGO, LEVÁNTATE.

S. Lucas 8:40-54

Yo no sé cuántos años han pasado de estar esperando y depositando nuestra confianza en personas, oportunidades, trabajos y dinero, para que nos sostengan en sus manos y nos ayuden a salir del lugar de pausa y espera de sanidad, en las diversas áreas de nuestras vidas. Pero al igual que esta mujer y este Padre, hoy es el día de NO poner nuestra confianza en nadie más, hoy es el día de remover nuestra confianza de nuestras fuerzas y estrategias y decidir firmemente, esperar en Dios por su intervención sanadora.

Es el día de depositar toda nuestra esperanza en Él y salir de los ciclos de repetición, de dejar de apoyarnos en nuestras fuerzas, salir a un encuentro con Él, ya sea que nos acerquemos a Él o Él a nosotros.

Hoy es el día de ser SANADOS.

Sanidad Espiritual.

CAPÍTULO 4

Sanidad Espiritual.

Los días transcurrían, y cada día de su caminar eran historias inolvidables para aquellos que las presenciaban. Sus acciones eran intervenciones que marcaban un antes y un después en las vidas y corazones de quienes eran intervenidos por un encuentro con Jesús.

En una ocasión tuvo una conversación, con una mujer, la cual había dedicado su vida adulta en buscar en otros los pedazos que faltaban en su interior. Para el momento que Jesús la encontró, había tenido seis relaciones, siendo todas ellas, relaciones que NO suplían su necesidad. Alguien que le diera estabilidad y sentido a su vida.

Mas ese día, ella se encontraba frente a todo lo que siempre se mantuvo en búsqueda. La respuesta a sus preguntas, la sanidad de sus heridas en esta ocasión se encontraba frente a ella.

Estaba teniendo la cita más importante de su vida, una cita con el dador de Vida y propósito.

Les cuento,

JESÚS SALIENDO DE JUDEA, FUE OTRA VEZ A GALILEA. Y LE ERA NECESARIO PASAR POR SAMARIA. VINO, PUES, A UNA CIUDAD DE SAMARIA LLAMADA SICAR, Y ESTABA ALLÍ EL POZO DE JACOB. ENTONCES JESÚS, CANSADO DEL CAMINO, SE SENTÓ ASÍ JUNTO AL POZO. ERA COMO LAS 3 DE LA TARDE. Y VINO UNA MUJER DE SAMARIA A SACAR AGUA; Y JESÚS LE DIJO: DAME DE BEBER.

S. Juan 4:3-8 RVR1960

Es muy interesante este detalle, porque el creador del agua pide agua. Y esto es muy importante como para pasarlo por alto, ya que, en muchas ocasiones, Dios hace pedidos a nuestras vidas de cosas que Él mismo fue el que nos las dio.

Cosas como tiempo, recursos, familia, trabajo, a nosotros mismos.

No nos hace sentido, que el que

es dueño de todo y creador de todo, pida de mis cosas tan insignificantes comparadas a Él. Ignorando que es solo una excusa de Dios para establecer un nuevo puente entre Él y yo. En fin, sus pedidos solo son el indicador de su deseo de brindarnos un NUEVO COMIENZO.

Seguimos:

LA MUJER SAMARITANA LE DIJO: ¿CÓMO TÚ, SIENDO JUDÍO, ME PIDES A MÍ DE BEBER, QUE SOY MUJER SAMARITANA? PORQUE JUDÍOS Y SAMARITANOS NO SE TRATAN ENTRE SÍ. RESPONDIÓ JESÚS Y LE DIJO: SI CONOCIERAS EL DON DE DIOS, Y QUIÉN ES EL QUE TE DICE: DAME DE BEBER; TÚ LE PEDIRÍAS, Y ÉL TE DARÍA AGUA VIVA.

Juan 4: 9-10

En otras palabras, Jesús le pidió algo, para luego devolverle lo que ella le daría pero de una manera mucho más superior. Al igual desea hacer con nosotros.

LA MUJER LE DIJO: SEÑOR, NO TIENES CON QUE SACARLA, Y EL POZO ES HONDO. ¿DE DÓNDE, PUES, TIENES EL AGUA VIVA? RESPONDIÓ JESÚS Y LE DIJO: CUALQUIERA QUE BEBIERE DE ESTA AGUA, VOLVERÁ A TENER SED; MÁS EL QUE BEBIERE DEL AGUA QUE YO LE DARÉ, NO TENDRÁ SED JAMÁS; SINO QUE EL AGUA QUE YO LE DARÉ SERÁ EN ÉL UNA FUENTE DE AGUA QUE SALTE PARA VIDA ETERNA. LA MUJER LE DIJO: SEÑOR, DAME ESA AGUA, PARA QUE NO TENGA YO SED, NI VENGA AQUÍ A SACARLA.

Juan 4: 11-15

Todos nosotros en muchas ocasiones nos encontramos deshidratados en nuestro corazón. Deshidratados espiritualmente, deshidratados emocionalmente, deshidratados familiarmente, deshidratados empresarialmente, y entre otras cosas más, tenemos ríos secos en nuestras vidas, y al igual que a esta mujer, Dios utiliza pedidos de entrega de aquellas cosas que son tal vez lo único que tiene sentido y valor para ser defendido y protegido, para que, por medio de esta entrega, puedan ser revividos estos ríos de nuestros corazones.

En otras palabras, Jesús hoy pide nuestras vidas, para luego de habérsela dado, devolvérnosla igual que el agua de esta mujer, "VIVA"

Sigamos

JESÚS LE DIJO: VE, LLAMA A TU MARIDO, Y VEN ACÁ. RESPONDIÓ LA MUJER Y DIJO: NO TENGO MARIDO. JESÚS LE DIJO: BIEN HAS DICHO: NO TENGO MARIDO; PORQUE CINCO MARIDOS HAS TENIDO, Y EL QUE AHORA TIENES NO ES TU MARIDO; ESTO HAS DICHO CON VERDAD.

Juan 4: 16-18

Ahora bien, Dios nunca ha pedido que le entreguemos nuestras vidas sin un rasguño, sin daños o incompleta. Él sólo pide nuestras vidas.

En otras palabras, el estado de cómo esté nuestro corazón y vida hoy, NO es un impedimento para NO responder a su petición de entregársela.

La entrega del agua natural de esta mujer, que era un agua que solo saciaba una sed temporal, era la llave que le daría acceso al agua espiritual que sacia la sed para siempre.

Dios nunca comenzará una transformación, desde la falsedad, la mentira, la apariencia o de lo que no es cierto.

Él siempre nos permitirá ver nuestra realidad y estado actual, no para juzgarnos, ni culparnos, sino más bien para sanar nuestro pasado, para potenciar nuestro presente y llevarnos a paso firme hacia nuestro futuro. Lo que nos deja saber que no hay nada de mí que Dios hoy no me esté pidiendo. Él lo desea todo, aún esas áreas que nosotros mismos no deseamos o no nos agradan de nosotros mismos.

Sabemos que no siempre lo hemos hecho bien. Sabemos que hemos cometido mil errores. Sabemos que estamos heridos e incompletos. Al igual que a esta mujer, Jesús nos dice: ***Dame lo que tienes a la mano y yo haré de eso algo que será utilizado para dar a conocer mi corazón e intensión a todos aquellos que te rodean.***

ERES SUFIECIENTE PARA COMENZAR UNA REVOLUCION.

Deja de buscarlo en otros. Deja de buscarlo en cosas. ¡Él es suficiente!

Es en ese momento donde la mujer le dijo:

> SÉ QUE HA DE VENIR EL MESÍAS, LLAMADO EL CRISTO; CUANDO ÉL VENGA NOS DECLARARÁ TODAS LAS COSAS. JESÚS LE DIJO: YO SOY, EL QUE HABLA CONTIGO.
>
> **Juan 4:25**

La Biblia dice que la intervención de Jesús en su vida fue el inicio y accionante de su reconstrucción y sanidad. A tal extremo, que fue inmediatamente portadora de un mensaje esperado, pero JAMÁS escuchado en Samaria: **He aquí, He encontrado al CRISTO.**

Y posterior a su encuentro su vida encontró lo que tanto había buscado y esperado.

SU PROPÓSITO DE VIDA.

Y MUCHOS DE LOS SAMARITANOS DE AQUELLA CIUDAD CREYERON EN ÉL POR LA PALABRA DE LA MUJER, QUE DABA TESTIMONIO DICIENDO: ME DIJO TODO LO QUE HE HECHO. ENTONCES VINIERON LOS SAMARITANOS A ÉL Y LE ROGARON QUE SE QUEDASE CON ELLOS; Y SE QUEDÓ ALLÍ DOS DÍAS. Y CREYERON MUCHOS MÁS POR LA PALABRA DE ÉL, Y DECÍAN A LA MUJER: YA NO CREEMOS SOLAMENTE POR TU DICHO, PORQUE NOSOTROS MISMOS HEMOS OÍDO, Y SABEMOS QUE VERDADERAMENTE ESTE ES EL SALVADOR DEL MUNDO, EL CRISTO.

Juan 4:39-42

Crucifixión.

CAPÍTULO 5

Crucifixión.

Fueron 3 años de milagros tras milagros y sanidades nunca antes vistas. Resurrecciones, dar vista a los ciegos, sordos escuchar, entro muchos más. **La libertad era el sello de su ministerio** y fue la paternidad de nuestro Dios, el mensaje de su caminar. Pero había una tarea que se había reservado para un tiempo en particular.

Jesús no solo había sido enviado a la Tierra para mostrarnos, la misericordia, la bondad y el amor de un Dios, que hasta ese día había sido mostrado como un Dios de poder y autoridad, y aunque esto no dejaba de ser, era Jesús el portador de un mensaje NUNCA ESCUCHADO.

EL MENSAJE DE LA REDENCIÓN Y RESCATE

Rescate de todo lo que se había perdido por la caída que sucedió al principio. Cargaba un mensaje, que nos dejaría saber, que no habíamos sido abandonados como huérfanos, sino que estaba pronto a ser implementado un plan de rescate a nuestro favor.

Todo se había perdido en un huerto (El Huerto del Edén) y sería en un huerto (El Huerto de Getsemaní), donde el plan de Redención y Rescate comenzaría.

ÉL CUANDO LLEGÓ A AQUEL LUGAR QUE SE LLAMA GETSEMANÍ, LES DIJO A SUS DISCÍPULOS: SENTAOS AQUÍ, ENTRE TANTO QUE VOY ALLÍ Y ORO. Y TOMANDO A PEDRO, Y A LOS DOS HIJOS DE ZEBEDEO, COMENZÓ A ENTRISTECERSE Y A ANGUSTIARSE EN GRAN MANERA. ENTONCES JESÚS LES DIJO: MI ALMA ESTÁ MUY TRISTE, HASTA LA MUERTE; QUEDAOS AQUÍ, Y VELAD CONMIGO. YENDO UN POCO ADELANTE A DISTANCIA DE UN TIRO DE PIEDRA, PUESTO DE RODILLAS, SE POSTRÓ SOBRE SU ROSTRO, ORANDO Y DECÍA: ABBA, PADRE, TODAS LAS COSAS SON POSIBLES PARA TI; APARTA DE MÍ ESTA COPA; PERO NO SE HAGA MI VOLUNTAD, SINO LA TUYA

OTRA VEZ FUE, Y ORÓ POR SEGUNDA VEZ, DICIENDO: PADRE MÍO, SI NO PUEDE PASAR DE MÍ ESTA COPA SIN QUE YO LA BEBA, HÁGASE TU VOLUNTAD. VINO DONDE SUS DISCÍPULOS Y LOS HALLÓ DURMIENDO, PORQUE LOS OJOS DE ELLOS ESTABAN CARGADOS DE SUEÑO. Y DEJÁNDOLOS, SE FUE DE NUEVO, Y ORÓ POR TERCERA VEZ, DICIENDO LAS MISMAS PALABRAS.

Y ESTANDO EN AGONÍA, ORABA MÁS INTENSAMENTE; Y ERA SU SUDOR COMO GRANDES GOTAS DE SANGRE QUE CAÍAN HASTA LA TIERRA. Y SE LE APARECIÓ UN ÁNGEL DEL CIELO PARA FORTALECERLE. LUEGO REGRESO A SUS DISCÍPULOS Y LES DIJO, LA HORA HA VENIDO; HE AQUÍ, QUE SERÉ ENTREGADO EN MANOS DE LOS PECADORES. LEVANTAOS, VAMOS; HE AQUÍ, SE ACERCA EL QUE ME ENTREGA.

S. Mateo 26:20-44

Desde este momento en adelante, se marca el principio del fin y El fin de lo que había comenzado en el principio. Venía para cumplirse la sentencia que Dios había puesto sobre la cabeza de la serpiente en **Génesis 3:15**

HARÉ QUE TÚ Y LA MUJER SEAN ENEMIGAS Y QUE TU DESCENDENCIA SEA ENEMIGA DE LA DE ELLA. LA DESCENDENCIA DE ELLA BUSCARÁ APLASTARTE LA CABEZA MIENTRAS TÚ LE TRATARÁS DE PICAR EN EL TALÓN.

Y a la misma vez lo anunciado y profetizado, por el profeta Isaías en el **Capítulo 53**

¿QUIÉN HA CREÍDO A NUESTRO ANUNCIO? ¿Y SOBRE QUIÉN SE HA MANIFESTADO EL BRAZO DE JEHOVÁ? SUBIRÁ CUAL RENUEVO DELANTE DE ÉL, Y COMO RAÍZ DE TIERRA SECA; NO HAY PARECER EN ÉL, NI HERMOSURA; LE VEREMOS, MÁS SIN ATRACTIVO PARA QUE LE DESEEMOS. DESPRECIADO Y DESECHADO ENTRE LOS HOMBRES, VARÓN DE DOLORES, EXPERIMENTADO EN QUEBRANTO; Y COMO QUE ESCONDIMOS DE ÉL EL ROSTRO, FUE MENOSPRECIADO, Y NO LO ESTIMAMOS. CIERTAMENTE LLEVÓ ÉL NUESTRAS ENFERMEDADES, Y SUFRIÓ NUESTROS DOLORES; Y NOSOTROS LE TUVIMOS POR

AZOTADO, POR HERIDO DE DIOS Y ABATIDO. MAS ÉL HERIDO FUE POR NUESTRAS REBELIONES, MOLIDO POR NUESTROS PECADOS; EL CASTIGO DE NUESTRA PAZ FUE SOBRE ÉL, Y POR SU LLAGA FUIMOS NOSOTROS CURADOS. TODOS NOSOTROS NOS DESCARRIAMOS COMO OVEJAS, CADA CUAL SE APARTÓ POR SU CAMINO; MÁS JEHOVÁ CARGÓ EN ÉL EL PECADO DE TODOS NOSOTROS. ANGUSTIADO ÉL, Y AFLIGIDO, NO ABRIÓ SU BOCA; COMO CORDERO FUE LLEVADO AL MATADERO; Y COMO OVEJA DELANTE DE SUS TRASQUILADORES, ENMUDECIÓ, Y NO ABRIÓ SU BOCA.

POR CÁRCEL Y POR JUICIO FUE QUITADO; Y SU GENERACIÓN, ¿QUIÉN LA CONTARÁ? PORQUE FUE CORTADO DE LA TIERRA DE LOS VIVIENTES, Y POR LA REBELIÓN DE MI PUEBLO FUE HERIDO. Y SE DISPUSO CON LOS IMPÍOS SU SEPULTURA, MÁS CON LOS RICOS FUE EN SU MUERTE; AUNQUE NUNCA HIZO MALDAD, NI HUBO ENGAÑO EN SU BOCA. CON TODO ESO, JEHOVÁ QUISO QUEBRANTARLO, SUJETÁNDOLE A PADECIMIENTO. CUANDO HAYA PUESTO SU VIDA EN EXPIACIÓN POR EL PECADO, VERÁ LINAJE, VIVIRÁ POR LARGOS DÍAS, Y LA VOLUNTAD DE JEHOVÁ SERÁ EN SU MANO PROSPERADA. VERÁ EL FRUTO DE LA AFLICCIÓN DE SU ALMA, Y QUEDARÁ SATISFECHO; POR SU CONOCIMIENTO JUSTIFICARÁ MI SIERVO JUSTO A MUCHOS, Y LLEVARÁ LAS INIQUIDADES DE ELLOS. PERO PRONTO, YO LE DARÉ PARTE CON LOS GRANDES, Y CON LOS FUERTES REPARTIRÁ DESPOJOS; POR CUANTO DERRAMÓ SU VIDA HASTA LA MUERTE, Y FUE CONTADO CON LOS PECADORES, HABIENDO ÉL LLEVADO EL PECADO DE MUCHOS, Y ORADO POR LOS TRANSGRESORES.

Este suceso marcaba el inicio de este NUEVO MENSAJE. El detalle de este mensaje era que no sería enseñado por palabras, no sería predicado desde las sinagogas ni tarimas, no sería escrito en páginas, ni libros. Sería un mensaje que sería mostrado, desde:

Una **cárcel**
39 **latigazos**
Una tarima en forma de **cruz**
Unos **clavos** que sostendrían SU CUERPO a esa Cruz.
Un mensaje que brotaría de un corazón **traspasado** con una **lanza**.
Un anuncio que perdonaría nuestra ignorancia, aún antes de pedirlo.

¡UN MENSAJE QUE COSTARÍA SU VIDA!

UNA OPERACIÓN DE RESCATE DONDE EL RESCATADO, SERÍA EL INTERCAMBIO POR LOS RESCATADOS.

Un mensaje de una vida a cambio de muchas. Y es desde este momento en adelante que comienza su más grande encomienda. Fue un camino arduo y de mucha violencia. Todos nuestros pecados pasados, actúales y por venir, estaban siendo cargados sobre una sola persona a la misma vez.

Y no porque lleguemos a pensar que nuestras situaciones son diferentes a Él, debemos llegar a sentirnos desentendidos de Dios. Pensamos y sentimos que Dios no nos puede entender, o que las situaciones que atravesamos son muy naturales como para ser entendidas por un Dios tan sobrenatural.

Cuando la realidad es que NO solo cargó nuestros pecados, sino que se ofreció para atravesar por a situaciones como las que pasamos nosotros con el fin de poder entendernos y de esa manera, poder tomar nuestro lugar.

¿CÓMO NO TE VA A ENTENDER SI ÉL...

1. Fue vendido y traicionado por uno de sus cercanos.

VINO JUDAS, UNO DE LOS DOCE, Y CON ÉL MUCHA GENTE CON ESPADAS Y PALOS, DE PARTE DE LOS PRINCIPALES SACERDOTES Y DE LOS ANCIANOS DEL PUEBLO. 48 Y EL QUE LE ENTREGABA LES HABÍA DADO SEÑAL, DICIENDO: AL QUE YO BESARE, ESE ES; PRENDEDLE. 49 Y EN SEGUIDA SE ACERCÓ A JESÚS Y DIJO: ¡SALVE, MAESTRO! Y LE BESÓ

Mateo 26:47-49

¿CÓMO NO TE VA A ENTENDER SI ÉL...

2. Fue negado por sus amigos.

Fue aquel hombre quien aseguró y prometió, que no le negaría jamás, sino que sería capaz de dar hasta su vida por él, Y quien, al ser cuestionado por una criada, negó delante de todos, que NO lo conocía.

SALIENDO ÉL A LA PUERTA, LE VIO OTRA, Y DIJO A LOS QUE ESTABAN ALLÍ: TAMBIÉN ESTE ESTABA CON JESÚS EL NAZARENO. PERO ÉL NEGÓ OTRA VEZ CON JURAMENTO: NO CONOZCO AL HOMBRE. UN POCO DESPUÉS, ACERCÁNDOSE LOS QUE POR ALLÍ ESTABAN, DIJERON A PEDRO: VERDADERAMENTE TAMBIÉN TÚ ERES DE ELLOS, PORQUE AÚN TU MANERA DE HABLAR TE DESCUBRE. ENTONCES ÉL COMENZÓ A MALDECIR, Y A JURAR: NO CONOZCO AL HOMBRE. Y EN SEGUIDA CANTÓ EL GALLO.

Mateo 26:69-74

¿CÓMO NO TE VA A ENTENDER SI ÉL...

3. Fue receptor de burlas y menosprecio.

ENTONCES LOS SOLDADOS DEL GOBERNADOR LLEVARON A JESÚS AL PRETORIO, Y REUNIERON ALREDEDOR DE ÉL A TODA LA COMPAÑÍA; 2Y DESNUDÁNDOLE, LE ECHARON ENCIMA UN MANTO DE ESCARLATA, Y PUSIERON SOBRE SU CABEZA UNA CORONA TEJIDA DE ESPINAS, Y UNA CAÑA EN SU MANO DERECHA; E HINCANDO LA RODILLA DELANTE DE ÉL, LE ESCARNECÍAN, DICIENDO: ¡SALVE, REY DE LOS JUDÍOS! Y ESCUPIÉNDOLE, TOMABAN LA CAÑA Y LE GOLPEABAN EN LA CABEZA. DESPUÉS DE HABERLE ESCARNECIDO, LE QUITARON EL MANTO, LE PUSIERON SUS VESTIDOS Y LE LLEVARON PARA CRUCIFICARLE.

Mateo 27: 27-31

¿CÓMO NO TE VA A ENTENDER SI ÉL...

4. Se hizo responsable de tus faltas, caídas, debilidades y pecados.

CUANDO LLEGARON A UN LUGAR LLAMADO GÓLGOTA, QUE SIGNIFICA: LUGAR DE LA CALAVERA, LE DIERON A BEBER VINAGRE MEZCLADO CON HIEL; PERO DESPUÉS DE HABERLO PROBADO, NO QUISO BEBERLO. CUANDO LE HUBIERON CRUCIFICADO, REPARTIERON ENTRE SÍ SUS VESTIDOS, ECHANDO SUERTES, PARA QUE SE CUMPLIESE LO DICHO POR EL PROFETA: PARTIERON ENTRE SÍ MIS VESTIDOS, Y SOBRE MI ROPA ECHARON SUERTES. Y SENTADOS LE GUARDABAN ALLÍ. Y PUSIERON SOBRE SU CABEZA SU CAUSA ESCRITA: ESTE ES JESÚS, EL REY DE LOS JUDÍOS. Y DESDE LA HORA SEXTA HUBO TINIEBLAS SOBRE TODA LA TIERRA HASTA LA HORA NOVENA. CERCA DE LA HORA NOVENA, JESÚS CLAMÓ A GRAN VOZ, DICIENDO: ELÍ, ELÍ, ¿LAMA SABACTANI? ESTO ES: DIOS MÍO, DIOS MÍO, ¿POR QUÉ ME HAS DESAMPARADO? MAS JESÚS, HABIENDO OTRA VEZ CLAMADO A GRAN VOZ, ENTREGÓ EL ESPÍRITU. Y HE AQUÍ, EL VELO DEL TEMPLO SE RASGÓ EN DOS, DE ARRIBA ABAJO; Y LA TIERRA TEMBLÓ, Y LAS ROCAS SE PARTIERON; Y SE ABRIERON LOS SEPULCROS, Y MUCHOS CUERPOS DE SANTOS QUE HABÍAN DORMIDO, SE LEVANTARON; Y SALIENDO DE LOS SEPULCROS, DESPUÉS DE LA RESURRECCIÓN DE ÉL, VINIERON A LA SANTA CIUDAD, Y APARECIERON A MUCHOS. EL CENTURIÓN, Y LOS QUE ESTABAN CON ÉL GUARDANDO A JESÚS, VISTO EL TERREMOTO, Y LAS COSAS QUE HABÍAN SIDO HECHAS, TEMIERON EN GRAN MANERA, Y DIJERON: VERDADERAMENTE ESTE ERA HIJO DE DIOS.

Mateo 27:33-46, 50-54

Resumen y Estado Actual.

CAPÍTULO 6

CAPÍTULO 6

Resumen y Estado Actual.

Hace 2022 años atrás el Hijo Unigénito de Dios, fue enviado a la Tierra, y un milagro aconteció a favor de la humanidad. La Palabra habla en **Juan 1:**

QUE EN EL PRINCIPIO ERA EL VERBO, Y EL VERBO ERA CON DIOS, Y EL VERBO ERA DIOS. QUE EL ERA EN EL PRINCIPIO CON DIOS. QUE TODAS LAS COSAS POR ÉL FUERON HECHAS, Y SIN ÉL NADA DE LO QUE HA SIDO HECHO, FUE HECHO. QUE EN ÉL ESTABA LA VIDA, Y LA VIDA ERA NUESTRA LUZ. EL SIENDO LA LUZ EN LAS TINIEBLAS RESPLANDECIÓ, Y LAS TINIEBLAS NO PREVALECIERON CONTRA EL. AQUELLA LUZ VERDADERA, QUE ALUMBRA A TODO HOMBRE, VINO A ESTE MUNDO. EN EL MUNDO ESTABA, Y EL MUNDO POR ÉL FUE HECHO; PERO EL MUNDO NO LE CONOCIÓ. A LO SUYO VINO, Y LOS SUYOS NO LE RECIBIERON. MAS A TODOS LOS QUE LE

Cada uno de nosotros somos testigos no presenciales, mas sí por convicción del Espíritu que habita en nosotros de que el Unigénito Hijo de Dios fue encarnado, nacido de una virgen, desposada con un carpintero, que creció en sabiduría y en gracia, porque Dios estaba con Él, que habitó entre nosotros y la Tierra y sus habitantes vieron su gloria. Fuimos testigo de aquél que transformó la humanidad con su visita, que nos enseñó con su vida y nos dio potestad de ser hechos hijos de Dios.

ASÍ MANIFESTÓ DIOS SU AMOR ENTRE NOSOTROS: EN QUE ENVIÓ A SU HIJO UNIGÉNITO AL MUNDO PARA QUE VIVAMOS POR MEDIO DE ÉL.

1 Juan 4:9

Nos asombró con su nacimiento.
Nos enseñó con su caminar.
Nos hizo sus discípulos con su vida.
Nos reconcilió con el Padre en su crucifixión.
Nos liberó con su muerte.
Y nos redimió con su resurrección.

Lo más hermoso de todo esto, es que fue una entrega por amor, obediencia y de forma voluntaria. Nadie lo obligó, Él mismo puso su vida.

Leamos **Filipenses 2:6-8**

QUIEN, SIENDO POR NATURALEZA DIOS, NO CONSIDERÓ EL SER IGUAL A DIOS COMO ALGO A QUÉ AFERRARSE. POR EL CONTRARIO, SE REBAJÓ VOLUNTARIAMENTE, TOMANDO LA NATURALEZA DE SIERVO Y HACIÉNDOSE SEMEJANTE A LOS SERES HUMANOS. Y, AL MANIFESTARSE COMO HOMBRE, SE HUMILLÓ A SÍ MISMO Y SE HIZO OBEDIENTE HASTA LA MUERTE, ¡Y MUERTE DE CRUZ.

Jesús mismo, se dirigió a la gente,

y les dijo: —Yo soy la luz del mundo. El que me sigue no andará en tinieblas, sino que tendrá la luz de la vida.

Todo esto porque el Hijo del hombre vino a buscar y a salvar lo que se había perdido. Ya que Dios no envió a su Hijo al mundo para condenar al mundo, sino para salvarlo por medio de él.

Este acto, es uno del cual la humanidad JAMÁS ha podido olvidarse.

No importa cual sea tu creencia, no importa tu incredulidad, no importa las sectas, dogmas, lenguas, ni nacionalidades, la Historia de la humanidad quedó marcada con un ANTES Y DESPUÉS DE CRISTO

Todo esto estaba dentro de un hermoso plan. Un Plan de rescatar lo que se había perdido.

Un Plan que cargaba en sí mismo la revelación del décimo noveno nombre de Dios.

PADRE

Solo Jesús podía revelarnos este nombre y al darse a conocer como hijo, a la misma vez nos revelaba al Padre.

Un Padre, que NUNCA nos abandonó. Un Padre que nos amó tanto que dio a su Hijo Unigénito como ofenda y expiación por nuestros pecados y para el rescate de nuestras vidas.

UN PADRE
QUE ES AMOR.

La Biblia nos dice:

QUE ÉL NOS DIO VIDA A VOSOTROS, CUANDO ESTÁBAMOS
MUERTOS EN NUESTROS DELITOS Y PECADOS, 2 EN LOS
CUALES ANDÁBAMOS EN OTRO TIEMPO. PERO DIOS, QUE ES
RICO EN MISERICORDIA, POR SU GRAN AMOR CON QUE NOS
AMÓ, 5 AUN ESTANDO NOSOTROS MUERTOS EN PECADOS,
NOS DIO VIDA JUNTAMENTE CON CRISTO (POR GRACIA SOIS
SALVOS),

Efesios 2:1-5

El recatarnos siempre fue su plan
e idea. NO había en su corazón
la intensión de abandonarnos a
nuestra suerte o a la deriva. Mas su
vida no era solo para cumplir con
las asignaciones que se le habían
confiado, sino que a la misma vez
que cumplía todo para lo cual fue
enviado. Su vida dejaría un camino
trazado y un ejemplo a seguir,

para todos los que vendríamos después de Él.

Leamos: **Juan 13:15-17**

PORQUE EJEMPLO LES HE DADO, PARA QUE COMO YO HE HECHO, USTEDES TAMBIÉN HAGAN. DE CIERTO, DE CIERTO OS DIGO: EL SIERVO NO ES MAYOR QUE SU SEÑOR, NI EL ENVIADO ES MAYOR QUE EL QUE LE ENVIÓ. SI SABEN ESTAS COSAS, BIENAVENTURADOS SERÁN SI LAS HACEN.

Su Vida
Su Caminar
Su Obediencia
Su entrega
Y su Muerte

¡Es nuestro EJEMPLO A SEGUIR!

El Maestro no Había Terminado

CAPÍTULO 7

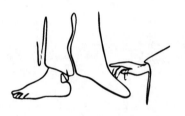

CAPÍTULO 7

El Maestro no Había Terminado

Mas Jesús no había concluido su encomienda. Su jornada terrenal, al igual que una hermosa obra teatral, estaba segmentada por diversos actos que al unirlos serían la **obra maestra.**

EL MAESTRO NO HABÍA TERMINADO.

Su muerte, al igual que su vida, marcó un antes y un después. De tal forma, que nuestro tiempo natural se identifica con los periodos antes de Cristo (AC) y después de Cristo (DC). Su intervención sincronizó a la perfección las dimensiones que hasta ese momento habían operado paralelamente pero que no habían sido unidas permanentemente. Su **muerte** era el portal **único y perfecto** para traer el cielo a la tierra y llevar a los hijos moradores de la tierra a un lugar celestial por medio de una promesa cumplida, por medio de una **resurrección**.

Un acto sin precedentes. Su muerte estaba completamente rodeada de una cortina de derrota. Aquellos que a simple vista tenían acceso al cuadro mostrado podrían haber concluido, sin temor a equivocarse, que era el

fin de la persona más notoria y
controversial de ese tiempo.

Se daba muerte a aquel que le
enseñó lo siguiente a todo aquel
que se le acercaba:

1. Amar a Dios y a nuestro prójimo
como a nosotros mismos.

> CUANDO LE PREGUNTARON CUÁL ERA EL MANDAMIENTO
> MÁS IMPORTANTE, JESÚS DIJO: AMARÁS AL SEÑOR TU DIOS
> CON TODO TU CORAZÓN, Y CON TODA TU ALMA Y CON TODA
> TU MENTE. ESTE ES EL PRIMERO Y GRANDE MANDAMIENTO.
> Y EL SEGUNDO ES SEMEJANTE A ESTE: AMARÁS A TU
> PRÓJIMO COMO A TI MISMO.
>
> **Mateo 22:37-39**

AMA INCONDICIONALMENTE.

2. Ser practicante de la siembra, no
solo en la tierra, sino también en el
mejor terreno posible, en el corazón
de las personas.

ASÍ QUE, TODAS LAS COSAS QUE QUERÁIS QUE LOS HOMBRES HAGAN CON VOSOTROS, ASÍ TAMBIÉN HACED VOSOTROS CON ELLOS.

Mateo 7:12

SIEMBRA CONFORME A LO QUE DESEAS COSECHAR.

3. Creer que Él era el Hijo de Dios y que su envío era la muestra de amor más grande NUNCA vista.

PORQUE DE TAL MANERA AMÓ DIOS AL MUNDO, QUE HA DADO A SU HIJO UNIGÉNITO PARA QUE TODO AQUEL QUE EN ÉL CREA NO SE PIERDA MÁS TENGA VIDA ETERNA.

Juan 3:16

JESÚS VINO A SER EL CAMINO, LA VERDAD Y LA VIDA.

4. Que la comunicación y relación con Dios venía a ser transformada. Dios venía a revelarse como nuestro Padre y por medio de Él se abriría un nuevo modo y acceso relacional.

Y CUANDO ORES, NO SEAS COMO LOS HIPÓCRITAS; PORQUE ELLOS AMAN EL ORAR EN PIE EN LAS SINAGOGAS Y EN LAS ESQUINAS DE LAS CALLES, PARA SER VISTOS DE LOS HOMBRES; DE CIERTO OS DIGO QUE YA TIENEN SU RECOMPENSA. MAS TÚ, CUANDO ORES, ENTRA EN TU APOSENTO, Y CERRADA LA PUERTA, ORA A TU PADRE QUE ESTÁ EN SECRETO; Y TU PADRE QUE VE EN LO SECRETO TE RECOMPENSARÁ EN PÚBLICO. Y ORANDO, NO USÉIS VANAS REPETICIONES, COMO LOS GENTILES, QUE PIENSAN QUE POR SU PALABRERÍA SERÁN OÍDOS. NO OS HAGÁIS, PUES, SEMEJANTES A ELLOS; PORQUE VUESTRO PADRE SABE DE QUÉ COSAS TENÉIS NECESIDAD, ANTES QUE VOSOTROS LE PIDÁIS. VOSOTROS, PUES, ORARÉIS ASÍ: PADRE NUESTRO QUE ESTÁS EN LOS CIELOS, SANTIFICADO SEA TU NOMBRE. VENGA TU REINO. HÁGASE TU VOLUNTAD, COMO EN EL CIELO, ASÍ TAMBIÉN EN LA TIERRA. EL PAN NUESTRO DE CADA DÍA, DÁNOSLO HOY.

Mateo 6:5-15

ÉL VINO A CREAR UN NUEVO PUENTE DE ACCESO.

5. Que, por causa del amor del Padre en nuestros corazones, se nos dio el poder y la responsabilidad de ser perdonados y de perdonar.

> Y PERDÓNANOS NUESTRAS DEUDAS, COMO TAMBIÉN NOSOTROS PERDONAMOS A NUESTROS DEUDORES. Y NO NOS METAS EN TENTACIÓN, MÁS LÍBRANOS DEL MAL; PORQUE TUYO ES EL REINO, Y EL PODER, Y LA GLORIA, POR TODOS LOS SIGLOS. AMÉN. PORQUE SI PERDONÁIS A LOS HOMBRES SUS OFENSAS, OS PERDONARÁ TAMBIÉN A VOSOTROS VUESTRO PADRE CELESTIAL; MAS SI NO PERDONÁIS A LOS HOMBRES SUS OFENSAS, TAMPOCO VUESTRO PADRE OS PERDONARÁ VUESTRAS OFENSAS.
>
> **Mateo 6:12-15**

TENEMOS EL PODER DE PERDONAR.

6. Que, por medio de su obediencia nos dio un nuevo nombre. Que, por causa de la fe puesta en Él, su vida, su muerte y su resurrección, recibimos el Poder de ser trasladados de lugar: de creación a hijos.

SIN ÉL NADA DE LO QUE HA SIDO HECHO, FUE HECHO. EN ÉL ESTABA LA VIDA, Y LA VIDA ERA LA LUZ DE LOS HOMBRES. LA LUZ EN LAS TINIEBLAS RESPLANDECE, Y LAS TINIEBLAS NO PREVALECIERON CONTRA ELLA. HUBO UN HOMBRE ENVIADO DE DIOS, EL CUAL SE LLAMABA JUAN. ESTE VINO POR TESTIMONIO, PARA QUE DIESE TESTIMONIO DE LA LUZ, A FIN DE QUE TODOS CREYESEN POR ÉL. NO ERA ÉL LA LUZ, SINO PARA QUE DIESE TESTIMONIO DE LA LUZ. AQUELLA LUZ VERDADERA, QUE ALUMBRA A TODO HOMBRE, VENÍA A ESTE MUNDO. EN EL MUNDO ESTABA, Y EL MUNDO POR ÉL FUE HECHO; PERO EL MUNDO NO LE CONOCIÓ. A LO SUYO VINO, Y LOS SUYOS NO LE RECIBIERON. MAS A TODOS LOS QUE LE RECIBIERON, A LOS QUE CREEN EN SU NOMBRE, LES DIO POTESTAD DE SER HECHOS HIJOS DE DIOS.

Juan 1:1-12

NOS DIO EL PODER DE SER HECHOS HIJOS DE DIOS.

En aquellos corazones que deseaban su muerte, su crucifixión ponía fin a una historia que para ellos era muy alarmante. Una historia que era preocupante para aquellos que no entendieron su asignación, su mensaje y su forma de vivir. Era alarmante pues eran indubitables las evidencias de que este hijo de José el carpintero no era una persona normal. Este tal Jesús cargaba muchas cualidades que provocaban inseguridad aún en los corazones del guerrero más valiente.

Veamos algunas de estas evidencias y cualidades:

- Concebido por una virgen.
- Del linaje de David por su Padre.
- Avistamiento de ángeles en su nacimiento.
- Reyes del lejano Oriente dirigidos por una estrella hasta el lugar de su nacimiento.

- Ofrendas entregadas junto a honra y honor, aun cuando estaba en un pesebre.

- Sabiduría como para enseñar a maestros, pero con la edad para estar jugando como cualquier otro niño de su edad (12 años).

- Sanidades incontables.

- Pescas milagrosas.

- Vino multiplicado de agua.

- Leprosos sanados.

- Ciegos recibiendo la vista.

- Muertos resucitados.

- Mujeres dignificadas.

- Multiplicación de panes y peces.

- Violentamente misericordioso.

Para muchos Él era una amenaza, pero para otros representaba la

salvación, la gracia y el amor hecha hombre.

Su historia de vida era la más dramática que podía ser escuchada y más aún presenciada. Un hombre llamado Jesús, hijo de un carpintero desposado con una virgen, acababa de morir crucificado. Un hombre de los que las historias estaban divididas. Muchos lo insultaban y difamaban. Otros lloraban con un enorme pesar por causa de su muerte, pues fue bueno para con ellos.

CUANDO SALÍAN, HALLARON A UN HOMBRE DE CIRENE QUE SE LLAMABA SIMÓN; A ESTE OBLIGARON A QUE LLEVASE LA CRUZ. Y CUANDO LLEGARON A UN LUGAR LLAMADO GÓLGOTA, QUE SIGNIFICA: LUGAR DE LA CALAVERA, LE DIERON A BEBER VINAGRE MEZCLADO CON HIEL; PERO DESPUÉS DE HABERLO PROBADO, NO QUISO BEBERLO. CUANDO LE HUBIERON CRUCIFICADO, REPARTIERON ENTRE SÍ SUS VESTIDOS, ECHANDO SUERTES, PARA QUE SE CUMPLIESE LO DICHO POR EL PROFETA: PARTIERON ENTRE

SÍ MIS VESTIDOS, Y SOBRE MI ROPA ECHARON SUERTES. Y SENTADOS LE GUARDABAN ALLÍ. Y PUSIERON SOBRE SU CABEZA SU CAUSA ESCRITA: ESTE ES JESÚS, EL REY DE LOS JUDÍOS. ENTONCES CRUCIFICARON CON ÉL A DOS LADRONES, UNO A LA DERECHA, Y OTRO A LA IZQUIERDA. Y LOS QUE PASABAN LE INJURIABAN, MENEANDO LA CABEZA, Y DICIENDO: TÚ QUE DERRIBAS EL TEMPLO, Y EN TRES DÍAS LO REEDIFICAS, SÁLVATE A TI MISMO; SI ERES HIJO DE DIOS, DESCIENDE DE LA CRUZ. DE ESTA MANERA TAMBIÉN LOS PRINCIPALES SACERDOTES, ESCARNECIÉNDOLE CON LOS ESCRIBAS Y LOS FARISEOS Y LOS ANCIANOS, DECÍAN: A OTROS SALVÓ, A SÍ MISMO NO SE PUEDE SALVAR: SI ES EL REY DE ISRAEL, DESCIENDA AHORA DE LA CRUZ, Y CREEREMOS EN ÉL. CONFIÓ EN DIOS; LÍBRELE AHORA SI LE QUIERE; PORQUE HA DICHO: SOY HIJO DE DIOS. LO MISMO LE INJURIABAN TAMBIÉN LOS LADRONES QUE ESTABAN CRUCIFICADOS CON ÉL. Y DESDE LA HORA SEXTA HUBO TINIEBLAS SOBRE TODA LA TIERRA HASTA LA HORA NOVENA. CERCA DE LA HORA NOVENA, JESÚS CLAMÓ A GRAN VOZ, DICIENDO: ELÍ, ELÍ, ¿LAMA SABACTANI? ESTO ES: DIOS MÍO, DIOS MÍO, ¿POR QUÉ ME HAS DESAMPARADO? ALGUNOS DE LOS QUE ESTABAN ALLÍ DECÍAN, AL OÍRLO: A ELÍAS LLAMA ESTE. Y AL INSTANTE, CORRIENDO UNO DE ELLOS, TOMÓ UNA ESPONJA, Y LA EMPAPÓ DE VINAGRE, Y PONIÉNDOLA EN UNA CAÑA, LE DIO A BEBER. PERO LOS OTROS DECÍAN: DEJA, VEAMOS SI VIENE ELÍAS A LIBRARLE. MAS JESÚS, HABIENDO OTRA VEZ CLAMADO A GRAN VOZ, ENTREGÓ EL ESPÍRITU.

Mateo 27:32-50

¡PERO!...

Todo había sido anunciado por Dios, por medio de los profetas. La obra no había terminado. Toda la creación se encontraba ante el umbral del suceso más relevante y notorio de la historia de la humanidad.

Pero su muerte no quedó siendo el último acto. Sino que, el plan perfecto de Dios incluía un acto adicional para la completación de su obra maestra. Al tercer día, el Hijo de Dios desafiaría toda la ciencia y el razonamiento lógico de toda la humanidad, de médicos y de estudiosos.

¡Este Jesús resucitaría de los muertos! Casi el título perfecto para una primera plana de un periódico.

Esta realidad en un estandarte para todos los que creemos en el Cristo. Y a su vez un blanco para el sistema de este siglo que desea confundir y desviar nuestros corazones para hacernos dudar de tan impresionante y notorio acontecimiento.

Él no está Muerto, El Vive

CAPÍTULO 8

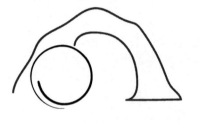

Él no está Muerto, Él Vive

Después de todo, el más brillante, el más fuerte, el más poderoso de todos nosotros al final muere. Pero este mismo trajo con su resurrección **la esperanza más poderosa y gloriosa** que alguien pudo haber dado.

¡LA MUERTE FUE VENCIDA!

Imagina pasar por el quebranto y la tormenta de pensamientos que atraviesan a aquellos que aman, cuando la vida terrenal de un ser amado concluye. Pero a esto añádele el agravante de que jamás pensaste que esto sucedería, al menos no aún, no tan temprano, no de tal manera.

Asimismo, imagina aquella mañana. Una mañana llena de silencio para algunos; de llantos, sollozos y gemidos bajos para otros. Todo ocasionado por un dolor intenso y sin ninguna esperanza de concluir por los siguientes días.

Miles de pensamientos, uno tras otro. Esa mañana, era la mente de sus discípulos y de un pueblo que había creído, el terreno de la batalla más violenta y despiadada. En el corazón de ellos se enfrentaban la fe y la incredulidad. Veamos esta confrontación:

La Fe

1. La fe que nace de aquellos que han tenido un encuentro genuino con el Hijo de Dios.

2. La fe que provocó en ellos haber presenciado un sinnúmero de milagros jamás vistos y mucho menos presenciados en los suburbios y lugares frecuentados por personas comunes y humildes.

3. La fe de haber escuchado sus palabras penetrantes y agudas como espada y que llegaban directo a los corazones que tenían disposición y sensibilidad de escucharlo.

La incredulidad

1. La incredulidad que impetuosamente tocaba a sus puertas por haberlo visto morir.

2. La incredulidad que sembraban aquellos que con palabras y burlas proclamaban la muerte del maestro.

3. La incredulidad que sale del corazón del hombre por causa de la naturaleza caída, por causa de la caída de Adán, la cual hasta ese momento estaba vigente y en control del corazón del hombre.

Veámoslo desde el punto de vista de los que allí estaban. Veamos cómo es narrado en los evangelios:

HABÍA UN VARÓN LLAMADO JOSÉ, DE ARIMATEA, CIUDAD DE JUDEA, EL CUAL ERA MIEMBRO DEL CONCILIO, VARÓN BUENO Y JUSTO. ESTE, QUE TAMBIÉN ESPERABA EL REINO DE DIOS, Y NO HABÍA CONSENTIDO EN EL ACUERDO NI EN LOS HECHOS DE ELLOS, FUE A PILATO, Y PIDIÓ EL CUERPO DE JESÚS. Y QUITÁNDOLO, LO ENVOLVIÓ EN UNA SÁBANA, Y LO PUSO EN UN SEPULCRO ABIERTO EN UNA PEÑA, EN EL CUAL AÚN NO SE HABÍA PUESTO A NADIE. ERA DÍA DE LA PREPARACIÓN, Y ESTABA PARA COMENZAR EL DÍA DE REPOSO. Y LAS MUJERES QUE HABÍAN VENIDO CON ÉL DESDE GALILEA SIGUIERON TAMBIÉN, Y VIERON EL SEPULCRO, Y CÓMO FUE PUESTO SU CUERPO. Y VUELTAS, PREPARARON ESPECIAS AROMÁTICAS Y UNGÜENTOS; Y DESCANSARON EL DÍA DE REPOSO, CONFORME AL MANDAMIENTO.

Lucas 23:50-56

AL DÍA SIGUIENTE, QUE ES DESPUÉS DE LA PREPARACIÓN, SE REUNIERON LOS PRINCIPALES SACERDOTES Y LOS FARISEOS ANTE PILATO, DICIENDO: SEÑOR, NOS ACORDAMOS DE QUE AQUEL ENGAÑADOR DIJO, VIVIENDO AÚN: DESPUÉS DE TRES DÍAS RESUCITARÉ. MANDA, PUES, QUE SE ASEGURE EL SEPULCRO HASTA EL TERCER DÍA, NO SEA QUE VENGAN SUS DISCÍPULOS DE NOCHE, Y LO HURTEN, Y DIGAN AL PUEBLO: RESUCITÓ DE ENTRE LOS MUERTOS. Y SERÁ EL POSTRER ERROR PEOR QUE EL PRIMERO. Y PILATO LES DIJO: AHÍ TENÉIS UNA GUARDIA; ID, ASEGURADLO COMO SABÉIS. ENTONCES ELLOS FUERON Y ASEGURARON EL SEPULCRO, SELLANDO LA PIEDRA Y PONIENDO LA GUARDIA.

Mateo 27:62-66

De igual modo, este evento había sido anunciado por el Profeta Oseas y el Rey David:

VENID Y VOLVAMOS A JEHOVÁ; PORQUE ÉL ARREBATÓ, Y NOS CURARÁ; HIRIÓ, Y NOS VENDARÁ. NOS DARÁ VIDA DESPUÉS DE DOS DÍAS; EN EL TERCER DÍA NOS RESUCITARÁ, Y VIVIREMOS DELANTE DE ÉL. Y CONOCEREMOS, Y PROSEGUIREMOS EN CONOCER A JEHOVÁ; COMO EL ALBA ESTÁ DISPUESTA SU SALIDA, Y VENDRÁ A NOSOTROS COMO LA LLUVIA, COMO LA LLUVIA TARDÍA Y TEMPRANA A LA TIERRA.

Oseas 6:1-3

A JEHOVÁ HE PUESTO SIEMPRE DELANTE DE MÍ; PORQUE ESTÁ A MI DIESTRA, NO SERÉ CONMOVIDO. SE ALEGRÓ POR TANTO MI CORAZÓN, Y SE GOZÓ MI ALMA; MI CARNE TAMBIÉN REPOSARÁ CONFIADAMENTE; PORQUE NO DEJARÁS MI ALMA EN EL SEOL, NI PERMITIRÁS QUE TU SANTO VEA CORRUPCIÓN.

Salmos 16:8-11

Estas profecías y sus anunciamientos eran sentencias y voluntad de Dios, que al igual que toda la palabra que sale de su boca, no pudo ser detenida.

La voz del Dios viviente venía a ser escuchada en lo profundidad del Seol. Se levantaba una voz de mando y como de trompeta que ordenaba y sentenciaba a la muerte a ser vencida por primera vez. Este llamado no era como el llamado y voz que escuchó Lázaro y la hija de Jairo. Esta voz y llamado a la vida sería **eterno**. Este llamado otorgaba una sentencia de vida eterna sobre aquel que no escatimó ni su propia vida como valiosa como para retenerla, sino que estaba por ser levantado el primero **que amó más a Dios y su voluntad que a su propia vida.**

Se levantaba el primogénito de entre los muertos. La muerte quedaba sin aguijón para herir y sin victoria para jactarse. Venía a ser levantado el **Rey de la Gloria**, no el niño nacido en un pesebre, ni el hijo del carpintero. Se **levantaba el Hijo del Dios viviente, El Cristo.**

PASADO EL DÍA DE REPOSO, AL AMANECER DEL PRIMER DÍA DE LA SEMANA, VINIERON MARÍA MAGDALENA Y LA OTRA MARÍA, A VER EL SEPULCRO. Y HUBO UN GRAN TERREMOTO; PORQUE UN ÁNGEL DEL SEÑOR, DESCENDIENDO DEL CIELO Y LLEGANDO, REMOVIÓ LA PIEDRA, Y SE SENTÓ SOBRE ELLA. SU ASPECTO ERA COMO UN RELÁMPAGO, Y SU VESTIDO BLANCO COMO LA NIEVE. Y DE MIEDO DE ÉL LOS GUARDAS TEMBLARON Y SE QUEDARON COMO MUERTOS. MAS EL ÁNGEL, RESPONDIENDO, DIJO A LAS MUJERES: NO TEMÁIS VOSOTRAS; PORQUE YO SÉ QUE BUSCÁIS A JESÚS, EL QUE FUE CRUCIFICADO. NO ESTÁ AQUÍ, PUES HA RESUCITADO, COMO DIJO. VENID, VED EL LUGAR DONDE FUE PUESTO EL SEÑOR. E ID PRONTO Y DECID A SUS DISCÍPULOS QUE HA RESUCITADO DE LOS MUERTOS, Y HE AQUÍ VA DELANTE DE VOSOTROS A GALILEA; ALLÍ LE VERÉIS.

Mateo 28:1-7

MIENTRAS ELLAS IBAN, HE AQUÍ UNOS DE LA GUARDIA FUERON A LA CIUDAD, Y DIERON AVISO A LOS PRINCIPALES SACERDOTES DE TODAS LAS COSAS QUE HABÍAN ACONTECIDO. Y REUNIDOS CON LOS ANCIANOS, Y HABIDO CONSEJO, DIERON MUCHO DINERO A LOS SOLDADOS, DICIENDO: DECID VOSOTROS: SUS DISCÍPULOS VINIERON DE NOCHE, Y LO HURTARON, ESTANDO NOSOTROS DORMIDOS. Y SI ESTO LO OYERE EL GOBERNADOR, NOSOTROS LE

PERSUADIREMOS, Y OS PONDREMOS A SALVO. Y ELLOS, TOMANDO EL DINERO, HICIERON COMO SE LES HABÍA INSTRUIDO. ESTE DICHO SE HA DIVULGADO ENTRE LOS JUDÍOS HASTA EL DÍA DE HOY.

Mateo 28:11-15

Comenzó el inició del fin del reinado de:

- La muerte
- Distancia entre Dios y su pueblo

  una era de continuos sacrificios
- Vergüenza
- Fruto de la caída de Adán

¡ÉL NO ESTABA MUERTO! ¡ÉL HABÍA RESUCITADO!

Mas no solo esto aconteció como para ser considerado entre sus discípulos y los que en Él habían creído, no solo bastó con evidencias angelicales y pruebas de un cuerpo no visto, sino que salió a su encuentro.

ENTONCES ELLAS, SALIENDO DEL SEPULCRO CON TEMOR Y GRAN GOZO, FUERON CORRIENDO A DAR LAS NUEVAS A SUS DISCÍPULOS. Y MIENTRAS IBAN A DAR LAS NUEVAS A LOS DISCÍPULOS, HE AQUÍ, JESÚS LES SALIÓ AL ENCUENTRO, DICIENDO: ¡SALVE! Y ELLAS, ACERCÁNDOSE, ABRAZARON SUS PIES, Y LE ADORARON. ENTONCES JESÚS LES DIJO: NO TEMÁIS; ID, DAD LAS NUEVAS A MIS HERMANOS, PARA QUE VAYAN A GALILEA, Y ALLÍ ME VERÁN.

Mateo 8:28

El Cristo venía a revelar su intención inicial. Venía a mostrarse y a mostrar la agenda celestial sin escamas. Venía a revelarse a cara descubierta. No solo coincidió en un encuentro casual, sino que edificó, afirmó y potenció el corazón de aquellos a quienes había amado y por quienes había invertido sus últimos tres años de vida. Antes de subir y sentarse en el lugar del que había sido tomado, la diestra del Padre, Jesús:

1. Camino a Emaús se les reveló con las señales del nuevo pacto, pan y vino, sostenido por unas manos marcadas con orificios.

2. A Pedro le hizo experimentar una segunda vez lo que fue su punto de partida relacional, una pesca milagrosa. Como diciéndole, sigo siendo el mismo contigo aún después de tu negación.

3. Se apareció en medio de sus discípulos mientras comían en el Aposento Alto, ya mostrando la hermosura de su estado real y actual. No solo confrontó la

duda que aún estaba en Tomás, sino también en los corazones de algunos de ellos debido al acontecimiento.

4. Sopló e impartió el Espíritu Santo para que recibieran el poder de ser testigos e imitadores en ejecución de Él. Los hizo embajadores de un Reinado Celestial.

Y entre esas conversaciones podemos señalar una muy particular sobre la que basamos nuestra fe y confianza, y por la que damos e invertimos nuestras vidas y anunciamos el mensaje que nos encargó.

ENTONCES LOS QUE SE HABÍAN REUNIDO LE PREGUNTARON, DICIENDO: SEÑOR, ¿RESTAURARÁS EL REINO A ISRAEL EN ESTE TIEMPO? Y LES DIJO: NO OS TOCA A VOSOTROS SABER LOS TIEMPOS O LAS SAZONES QUE EL PADRE PUSO EN SU

SOLA POTESTAD; PERO RECIBIRÉIS PODER, CUANDO HAYA VENIDO SOBRE VOSOTROS EL ESPÍRITU SANTO, Y ME SERÉIS TESTIGOS EN JERUSALÉN, EN TODA JUDEA, EN SAMARIA, Y HASTA LO ÚLTIMO DE LA TIERRA. Y HABIENDO DICHO ESTAS COSAS, VIÉNDOLO ELLOS, FUE ALZADO, Y LE RECIBIÓ UNA NUBE QUE LE OCULTÓ DE SUS OJOS. Y ESTANDO ELLOS CON LOS OJOS PUESTOS EN EL CIELO, ENTRE TANTO QUE ÉL SE IBA, HE AQUÍ SE PUSIERON JUNTO A ELLOS DOS VARONES CON VESTIDURAS BLANCAS, LOS CUALES TAMBIÉN LES DIJERON: VARONES GALILEOS, ¿POR QUÉ ESTÁIS MIRANDO AL CIELO? ESTE MISMO JESÚS, QUE HA SIDO TOMADO DE VOSOTROS AL CIELO, ASÍ VENDRÁ COMO LE HABÉIS VISTO IR AL CIELO.

Hechos 1:6-11

¡NUESTRO CRISTO REGRESA UNA VEZ MÁS!

Esto no terminó aquí. Sus encuentros y conversaciones posteriores a su resurrección cambiaron todas las reglas del juego. Al habernos hecho su cuerpo por medio de su sacrificio, ya no solo era el unigénito, sino que pasaba a ser el primogénito. En otras palabras, Él pasaba a ser el primero de muchos de su clase.

Al hacernos su cuerpo y depositar en nosotros el Espíritu Santo, nos dio la potestad de ser reflejos de sí mismo en la tierra. Y así comenzó el nacimiento de la Iglesia:

CUANDO LOS APÓSTOLES ESTABAN HABLANDO AL PUEBLO SOBRE EL ACONTECIMIENTO DE LA RESURRECCIÓN, VINIERON SOBRE ELLOS LOS SACERDOTES CON EL JEFE DE LA GUARDIA DEL TEMPLO, Y LOS SADUCEOS, RESENTIDOS DE QUE ENSEÑARAN AL PUEBLO, Y ANUNCIARAN EN JESÚS LA RESURRECCIÓN DE ENTRE LOS MUERTOS. Y LES ECHARON MANO, Y LOS PUSIERON EN LA CÁRCEL HASTA EL DÍA SIGUIENTE, PORQUE ERA YA TARDE. PERO MUCHOS DE LOS QUE HABÍAN OÍDO LA PALABRA, CREYERON; Y EL NÚMERO DE LOS VARONES ERA COMO CINCO MIL. Y ACONTECIÓ AL DÍA SIGUIENTE, QUE SE REUNIERON EN JERUSALÉN LOS GOBERNANTES, LOS ANCIANOS Y LOS

ENTONCES PEDRO, LLENO DEL ESPÍRITU SANTO, LES DIJO: GOBERNANTES DEL PUEBLO, Y ANCIANOS DE ISRAEL: PUESTO QUE HOY SE NOS INTERROGA ACERCA DEL BENEFICIO HECHO A UN HOMBRE ENFERMO, DE QUÉ MANERA ESTE HAYA SIDO SANADO, SEA NOTORIO A TODOS VOSOTROS, Y A TODO EL PUEBLO DE ISRAEL, QUE, EN EL NOMBRE DE JESUCRISTO DE NAZARET, A QUIEN VOSOTROS CRUCIFICASTEIS Y A QUIEN DIOS RESUCITÓ DE LOS MUERTOS, POR ÉL ESTE HOMBRE ESTÁ EN VUESTRA PRESENCIA SANO. ESTE JESÚS ES LA PIEDRA REPROBADA POR USTEDES LOS EDIFICADORES, LA CUAL HA VENIDO A SER CABEZA DEL ÁNGULO. Y EN NINGÚN OTRO HAY SALVACIÓN; PORQUE NO HAY OTRO NOMBRE BAJO EL CIELO, DADO A LOS HOMBRES, EN QUE PODAMOS SER SALVOS.

ENTONCES VIENDO EL DENUEDO DE PEDRO Y DE JUAN, Y SABIENDO QUE ERAN HOMBRES SIN LETRAS Y DEL VULGO, SE MARAVILLABAN; Y LES RECONOCÍAN QUE HABÍAN ESTADO CON JESÚS. Y VIENDO AL HOMBRE QUE HABÍA SIDO SANADO, QUE ESTABA EN PIE CON ELLOS, NO PODÍAN DECIR NADA EN CONTRA. ENTONCES LES ORDENARON QUE SALIESEN DEL CONCILIO; Y CONFERENCIABAN ENTRE SÍ, DICIENDO: ¿QUÉ HAREMOS CON ESTOS HOMBRES? PORQUE DE CIERTO, SEÑAL MANIFIESTA HA SIDO HECHA POR ELLOS, NOTORIA A TODOS LOS QUE MORAN EN JERUSALÉN, Y NO LO PODEMOS NEGAR.

Hechos 4:1-17

CUANDO LOS TRAJERON, LOS PRESENTARON EN EL CONCILIO, Y EL SUMO SACERDOTE LES PREGUNTÓ, DICIENDO: ¿NO OS MANDAMOS ESTRICTAMENTE QUE NO ENSEÑASEIS EN ESE NOMBRE? Y AHORA HABÉIS LLENADO A JERUSALÉN

DE VUESTRA DOCTRINA, Y QUERÉIS ECHAR SOBRE NOSOTROS LA SANGRE DE ESE HOMBRE. RESPONDIENDO PEDRO Y LOS APÓSTOLES, DIJERON: ES NECESARIO OBEDECER A DIOS ANTES QUE A LOS HOMBRES. EL DIOS DE NUESTROS PADRES LEVANTÓ A JESÚS, A QUIEN VOSOTROS MATASTEIS COLGÁNDOLE EN UN MADERO.

A ESTE JESÚS HA EXALTADO CON SU DIESTRA POR PRÍNCIPE Y SALVADOR, PARA DAR A ISRAEL ARREPENTIMIENTO Y PERDÓN DE PECADOS. Y NOSOTROS SOMOS TESTIGOS SUYOS DE ESTAS COSAS, Y TAMBIÉN EL ESPÍRITU SANTO, EL CUAL HA DADO DIOS A LOS QUE LE OBEDECEN.

Mateo 5:27-32

¡Él había resucitado!, decían los incrédulos, fariseos y saduceos con temor e incertidumbre. Pero estas mismas palabras se escuchaban salir de las bocas de los apóstoles, palabras llenas de gozo, alegría y esperanza.

Y estas mismas palabras se escuchan hoy, 2,000 años después.

¡ÉL NO ESTÁ MUERTO, ÉL VIVE!

En Su
Resurrección

CAPÍTULO 9

En Su Resurrección

Dios no deja nada a mitad ni inconcluso. En Dios y para Dios, todo tiene un propósito. Y su muerte y resurrección, no es la excepción.

¿CUÁL ES EL RESULTADO DE LA MUERTE Y RESURRECCIÓN DE NUESTRO SEÑOR?

1. En su resurrección fuimos justificados.

Justificar por definición es:

a) mostrar una persona o una cosa la inocencia de una persona;

b) poner una cosa como motivo o excusa del comportamiento de alguien;

c) hacer una cosa más justa o perfecta;

d) arreglar o corregir una cosa con exactitud;

e) hacer Dios justa a una persona mediante la gracia.

RECUERDEN QUE JESÚS FUE ENTREGADO POR NUESTRAS TRANSGRESIONES, Y RESUCITADO PARA NUESTRA JUSTIFICACIÓN.

Romanos 4:25

Por causa de nuestros pecados, la humanidad estuvo separada de Dios y es incapaz de tener una relación con Él. Mas por causa de su resurrección se manifestó su justicia. Cuando Jesús murió en la cruz, allí fue que Él tomó nuestro castigo para que pudiéramos ser justificados delante del Padre.

La resurrección confirma que Dios aceptó el sacrificio de Cristo a cambio de nuestros pecados y que nos fue otorgado por la Sangre del Cordero, la potestad de ser hechos Hijos de Dios.

2. Puso fin al imperio de la muerte.

La muerte ha sido constituida enemiga de la humanidad y el

castigo justo por los pecados de cada uno de nosotros.

POR LO CUAL ESTOY SEGURO DE QUE NI LA MUERTE, NI LA VIDA, NI ÁNGELES, NI PRINCIPADOS, NI POTESTADES, NI LO PRESENTE, NI LO POR VENIR, NI LO ALTO, NI LO PROFUNDO, NI NINGUNA OTRA COSA CREADA NOS PODRÁ SEPARAR DEL AMOR DE DIOS, QUE ES EN CRISTO JESÚS SEÑOR NUESTRO.

Romanos 8:38-39

¿DÓNDE ESTÁ, OH MUERTE, TU AGUIJÓN? ¿DÓNDE, OH SEPULCRO, TU VICTORIA?, YA QUE EL AGUIJÓN DE LA MUERTE ES EL PECADO, Y EL PODER DEL PECADO, LA LEY. MAS GRACIAS SEA DADAS A DIOS, QUE NOS DA LA VICTORIA POR MEDIO DE NUESTRO SEÑOR JESUCRISTO.

-1 Co. 15:55-57

Y Él siendo la cabeza y nosotros su cuerpo, **Él resucitó y nosotros con Él.**

3. Nos unió a Él, haciéndonos su cuerpo.

AHORA BIEN, VOSOTROS SOIS EL CUERPO DE CRISTO, Y CADA UNO INDIVIDUALMENTE UN MIEMBRO DE ÉL.

Cuando creemos en Cristo, somos unidos con Él por la fe. Nuestra unión con Cristo significa que cuando Dios nos mira, Él ve una sola cosa, un solo cuerpo, una sola persona, Él ve a Cristo.

Y lo que ha sido UNIDO por DIOS, no lo puede separar el hombre.

4. Confirmó que toda la Biblia es verdad y que es innegable.

EN CUANTO A DIOS, PERFECTO ES SU CAMINO, Y ACRISOLADA LA PALABRA DE JEHOVÁ; ESCUDO ES A TODOS LOS QUE EN ÉL ESPERAN.

Salmos 18:30

EL CIELO Y LA TIERRA PASARÁN, PERO MIS PALABRAS NO PASARÁN.

EL RESPONDIÓ Y DIJO: ESCRITO ESTÁ: NO SÓLO DE PAN VIVIRÁ EL HOMBRE, SINO DE TODA PALABRA QUE SALE DE LA BOCA DE DIOS.

Mateo 4:4

EL QUE CREE EN MÍ, COMO DICE LA ESCRITURA, DE SU INTERIOR CORRERÁN RÍOS DE AGUA VIVA.

Juan 7:38

5. Es la evidencia de que Cristo Jesús es el Hijo de Dios.

[JESUCRISTO] FUE DECLARADO HIJO DE DIOS CON UN ACTO DE PODER, CONFORME AL ESPÍRITU DE SANTIDAD, POR (COMO RESULTADO DE) LA RESURRECCIÓN DE ENTRE LOS MUERTOS.

Romanos 1:4

Si Jesús hubiera muerto y quedara muerto, Él habría sido como los millones que venían antes de Él, y como los millones que vendrían después. Pero no sucedió así.

Su resurrección prueba que Él es el Hijo de Dios.

6. La resurrección de Cristo Jesús significa que Dios derramará el Espíritu Santo en los corazones de los que creen.

Después de la resurrección y ascensión de Cristo, Él mandó el prometido Espíritu Santo para continuar su trabajo en esta tierra. El ministerio terrenal de Cristo continúa.

Nos dio Esperanza.

Los cristianos tenemos una esperanza tremenda porque nuestros pecados han sido borrados y somos justificados delante de Dios. Hemos pasados de ser enemigos de Dios a hijos perdonados por Dios con una herencia eterna que nadie puede quitar. **¡No hay una noticia mejor!**

BENDITO SEA EL DIOS Y PADRE DE NUESTRO SEÑOR JESUCRISTO, QUIEN, SEGÚN SU GRAN MISERICORDIA, NOS HA HECHO NACER DE NUEVO A UNA ESPERANZA VIVA, MEDIANTE LA RESURRECCIÓN DE JESUCRISTO DE ENTRE LOS MUERTOS, PARA OBTENER UNA HERENCIA INCORRUPTIBLE, INMACULADA, Y QUE NO SE MARCHITARÁ, RESERVADA EN LOS CIELOS PARA USTEDES.

1 Pedro 1:3-4

Conclusión.

Vivir en un estado consciente de estas grandes verdades, son el fundamento de una vida de continua transformación y rendición a un Padre amoroso como nadie y a un portador de salvación y rescate al cual tengo el privilegio de llamar Mi Señor y Salvador, Mi Cristo.

Su Obediencia fue el motor de su envío.

- El Amor del Padre es su Mensaje.

- La Voluntad del Padre, su razón de Crucifixión y de dar su Vida.

- La redención y rescate de la humanidad, es el resultado del saldo de la deuda en nuestra contra.

- Y el ser sentado a la diestra del Padre, sobretodo, el resultado de su resurrección.

Ahora bien, todo lo que hizo, absolutamente TODO, fue con el objetivo de dejarnos un ejemplo a seguir, NO solo una historia que contar.

Así que vivamos como Él vivió. Dios cuenta contigo.

Made in the USA
Columbia, SC
06 May 2023

16093616R00067